शब्द कम अर्थ ज़्यादा हों

गौरव सिन्हा

ये पहली और आने वाली सभी किताबें माँ और उन सभी को
सहर्ष समर्पित जिन्होने लिखने का हौसला दिया।

क्रम-सूची

क्रम-सूची

क्रम-सूची

क्रम-सूची

क्रम-सूची

भूमिका

जीवन के रंग-बिरंगे भावों को लड़ियों में पिरोकर उसे पुस्तक के रूप में उपलब्ध कराने के लिए गौरव जी आपको बहुत-बहुत बधाई।

साहित्यिक रुचि में एकरूपता होने के कारण और शायद पीलीबंगा से आपका लगाव होने के कारण हमारा आपस में लगाव हो गया। आपके द्वारा रचित रचनाएं मैं पढ़ती हूं और जो आपने अभी नया चैनल शुरू किया है उसकी भी मैंने करीब करीब सारे एपिसोड सुने हैं, जो कहीं ना कहीं आज की समस्याओं से संबंधित है और साथ ही साथ में आपका संगीत प्रेम भी देखने को मिला। सबसे बड़ी विशेषता मुझे यह लगती है आप में, आपकी रचनाओं में कहीं भी निराशा और हताश नहीं झलकती है, हमेशा उम्मीद की रोशनी और ख्वाबों के दीए जलते रहते हैं जो आज के युवाओं के लिए मार्गदर्शन बन सकते हैं, जहां आजकल के युवा कवि अधिकतर कल्पनाओं में विचरण करते हैं, वही आप आप कल्पनाओं से परे यथार्थ को ठोस धरातल पर लिखते हैं।

सच कहूं तो आपकी रचनाओं में समाज के प्रति, राजनीति के प्रति चिंताएं झलकती हैं जो एक कवि के लिए शुभ संकेत है, विविधता आपकी लेखनी में दिखाई पड़ती हैं..

"पढ़ लिखकर भविष्य क्या होगा" में कटाक्ष व व्यंग है तो वही दार्शनिक भाव में लिखी गई रचना।

"*तू कौन है*".. एक बार अंतर्मन को झांकने पर विवश कर देती है।

रचनाएं कहीं भी लंबी व उबाऊ नहीं है कम शब्दों में गहरी बात कहकर अपने नाम को सार्थक करती हैं।

मानवीय संभावनाओं को जाग्रत करती इस पुस्तक के लिए आंतरिक हृदय से शुभकामनाएं प्रेषित करती हूं।

प्रतिभा दुगड़

प्रस्तावना

कुछ वक़्त पहले जब मेरी लिखी कविताएँ पुस्तक में छपने लायक समझी गईं और 2022 में *"कविता 250"* में प्रकाशित हुई तो सुखद अनुभव हुआ। एक उम्मीद बँधी कि एक इंसान जो दो दशकों से अँग्रेजी लिखने, बोलने और सीखने में हिन्दी भूल चुका है और टूटी फूटी, हिन्दी, पंजाबी, बिहारी, इंग्लिश, राजस्थानी के तड़के वाली, या फिर कहें नई वाली हिन्दी में अपनी बात रखता है। उसे भी पढ़ा जाएगा। हमें लगता है भाषा हम सीखते हैं पर भाषा तो खुद ब खुद हमारे अंदर घर करती जाती है। पिछले कुछ सालों में बिहार, (पटना) में रहकर ये समझ आया। जब अपने आप मुंह से बारिश हुई है से, "हुआ है" निकलने लगा और "मैं" की जगह "हम" सहज लगने लगा।

तुकबंदी करते हुए सालों हो गए, सबसे पहले स्कूल में, दसवीं क्लास की छुट्टियों में की थी , उससे पहले की हो तो याद नहीं। आदत कहाँ से पड़ी, ये कहना मुश्किल नहीं, परिवार सरकारी नौकरी करने वालों का था, पर किताबें बहुत थी। चाहे वो उपन्यास हो या पत्रिकाएँ , शुक्र है तब मोबाइल नहीं था। अगाथा क्रिस्टी के नॉवेल हों या मम्मी की डाइरी में लिखे फिल्मी गानों के लीरिक्स, जो हाथ लगता पढ़ लिया करता था। फिल्मी गानो को सुनते हुए बड़े हुए, पर अब याद करता हूँ तो दिमाग गानो में सिर्फ धुन ही नहीं, क्या कहा गया है वो भी दोहराता रहता था। जैसे दिल तो पागल है के गाने का अंतरा "हम में तुम में कुछ तो है, कुछ नहीं है क्या, और कुछ हो जाये तो कुछ यकीन है क्या, देख लो ये दिल जहाँ था, ये वहीं है क्या" या थोड़ा और पीछे जाएँ तो "तुझसे नाराज़ नहीं ज़िंदगी हैरान हूँ मैं" और "तुम इतना जो मुस्कुरा रहे

हो" इन्हें सुनकर लगता कि वाह क्या जादूगरी है।

गुलजार साहब और जगजीत सिंह ने समझाया कि जो आम बोलचाल की भाषा है उसमें लिखना क्लासी हो न हो बेहद सुंदर है । पिछले कुछ सालों में आड़ी-तिरछी, टेड़ी-मेढ़ी, कविताएँ , शायरी, नज़्म, ग़ज़ल जैसा, बहुत कुछ लिखा । उनमें से 100 को चुनकर इस संग्रह में जगह दी है । मन लालच न करे ऐसा संभव नहीं इसलिए कुछ बोनस पंक्तियाँ यहीं जोड़ दे रहा हूँ । जैसे ये जिसमें कुछ नया न कह पाने विवशता है ।

"मैं कुछ नया नहीं लिखता

मैं कुछ नया नहीं लिखता,

वही उम्मीदों और ख्वाबों की बातें,

वही अंधेरों में दियों का जगमगाना,

कुछ नहीं तो वही चाँद पर लौट जाना।

अब में कुछ नया नहीं लिखता,

वही कुछ पुरानी यादों को याद करना,

वही ज़िन्दगी की ज़िन्दगी से लड़ाई,

कुछ नहीं तो वही शाम से मिल आना।

अब मैं कुछ नया नहीं लिखता,

हमेशा नया लिखना जरुरी भी तो नहीं..
"

आगे बहुत सी कविताओं में आपको लाचारी या उदासी का भाव मिलेगा, मगर वो सिर्फ इसलिए कि वो सब भी हमारी ज़िंदगी का हिस्सा है और उनका अनुभव ही हमें बेहतर बनाता है। ऐसे में सारा खेल हमारी सोच का है। ख़्याल का है। ख्यालों को ख़्याल रखना बेहद जरूरी है, वही उम्मीद कि आखरी डोर है ।

"ख़्यालों का ख़्याल रखिए..

क़दम गर इनके लड़खड़ायें कभी,

थोड़ा रुककर इनकी ख़बर लीजिये..

मासूम बच्चों से हैं..

थोड़ी पुचकार और फटकार से,

इनकी परवरिश कीजिये..

सही राह जो एक बार थाम ली..

हर ख़्वाब पूरा करने की,

फिर इनकी, जुर्रत देखिए..

ख़्यालों का ख़्याल रखिए...
"

अंततः उन सभी के जज़्बे को सलाम जो मुश्किल समय में भी हौसले के साथ मुसकुराते नज़र आते हैं। ऐसे इंसान हर जगह हैं, अपने आस पास देखिये, अपने आप को देखिये।

"असमर्थताओं से भरा आसमान है,

उम्मीद ढूँढती ये शाम है।

जिधर देखो सब धुँधला सा दिखे,

ये मन में जटिल संग्राम है।

माना लग रहा कि सब खत्म हुआ,

ये पूर्ण नहीं, अल्प विराम है।

तुम जो डटे हुए हो निर्भीक होकर,

तुम्हारे जज़्बे को सलाम है।"

अक्सर लिखते समय शब्द बहते चले जाते हैं , जैसा यहाँ हुआ। टाइटल "शब्द कम, अर्थ ज़्यादा हों", इसीलिए है क्यूंकी मेरे

लिए कम लिखना थोड़ा मुश्किल काम है। अब ये कविताएँ आपकी हुईं । उम्मीद है, सब कुछ न सही, पर कुछ न कुछ आपको पसंद आएगा और आपके साथ रह जाएगा। उन गीतों की तरह जो हम हमेशा गुनगुनाते रहते हैं। खुशी होगी अगर आप अपने विचार साझा करें।

आभार

गौरव सिन्हा

पावती (स्वीकृति)

- आबिद ज़ैदी साहब और शिखा शर्मा जी का शुक्रिया Kavita 250 का हिस्सा बनाने के लिए।
- प्रतिभा दुगड़ जी का आभारी इस पुस्तक की सुंदर भूमिका बाँधने के लिए।
- चित्रांकन: मोहिनी सिन्हा (कवर पेज की पेंटिंग उन्हीं की हैं)

1. आँखों की नमी बचाए रखिए

आँखों की नमी बचाए रखिए,
दिलों में नरमी बनाए रखिए।
नफरतों का सैलाब जोरों पर है,
खुद को ख़बरों से बचाए रखिए।
हौसले का बिखरना जायज़ है,
भरोसे से राब्ता निभाए रखिए।
मुश्किल वक्त खत्म होने को है,
उम्मीद की लौ जलाए रखिए।
हमदर्दी से बेहतर कोई ज़ुबाँ नहीं,
लबों पे ख़ैरियत की दुआएं रखिए।

2. कहने को बहुत है मगर कहा नहीं जाता

कहने को बहुत है मगर कहा नहीं जाता,
सहते ही आये हरदम अब सहा नहीं जाता।
जायज़ है सोच समझ कर ही खुले ये ज़ुबाँ,
ज़मीर मारकर ज़िंदा भी तो रहा नहीं जाता।
एक तरफ बेइंतहा दौलत, दूजी तरह भुखमरी,
इस पागलपन के शोर में कुछ सुना नहीं जाता।
बोलने से, लिखने से, कुछ न कुछ तो होगा,
जो लिखा न जाये वो इतिहास पढ़ा नहीं जाता।
जोड़ने की बात कौन करे टूटे हुए समाज में,
सवाल जब वजूद का हो तब डरा नहीं जाता।

3. ख़ुद से बातें बहुत करते हैं

ख़ुद से बातें बहुत करते हैं,
ये मुलाक़ातें बहुत करते हैं।
तल्ख़ मिज़ाज़ रखने वाले,
नर्म-बातें बहुत करते हैं।
भोली भाली शक्लों वाले,
करामातें बहुत करते हैं।
जो अब्र गरजते कम हैं,
वो बरसातें बहुत करते हैं।

4. ख़ुश-दिल दीपावली

रोशन चेहरा, रोशन दिल,
इस दिवाली सबसे ऐसे मिल।
मोहब्बत, दुआएँ, हमदर्दी,
बाहर नहीं, अंदर तक खिल।
बिन फ़िल्टर मुस्कुराने को,
टु डू लिस्ट में कर ले शामिल।
दूर से देखना बहुत हुआ,
तू झूम यूँ, बन जा महफ़िल।

5. सितम हद से ज्यादा बढ़ा जो ना होता

सितम हद से ज्यादा बढ़ा जो ना होता,
गरीब का बर्फ खून खौला ही ना होता।
उम्मीद की कश्ती का सहारा जो ना होता,
मायूसी का दरिया उसे निगल गया होता।
डूब कर उबरने का तजरबा जो न होता,
मौजों से टकराने का जज़्बा ही ना होता।
ज़िन्दगी का हर एक पल जिया जो ना होता,
मौत से बेखौफ़ हँसकर मिला ही ना होता।

6. मुश्किल हो वक़्त तो हौसला बनाए रखिए

मुश्किल हो वक़्त तो हौसला बनाए रखिए,
सियाह रात में उम्मीद की लौ जलाए रखिए।
परवाह किसी और बात की हो या कि ना हो,
ख़ुद अपने ज़मीर की साख बचाए रखिए।
ऐसे भी हैं जिन्हें भटकते हुए मिली है मंज़िल,
जब तलक राह ना सूझे ख़ुद को भटकाए रखिए।
कदमों का लड़खड़ाना जायज़ है लंबे सफर में,
हर दफा संभलकर बेखौफ कदम बढ़ाए रखिए।
बहुत मसरूफ हो जाने का दस्तूर है इन दिनों,
ख़ुद से मुलाक़ात की थोड़ी फुरसत बनाए रखिए।

7. कम पड़ जाता है

कभी शोर कम पड़ जाता है,
कभी सुकून कम पड़ जाता है।
होश में भी बेहोशी होने लगे,
तब जुनून कम पड़ जाता है।
ख़्वाबों पर रोक लगने लगे,
तब लगाम कम पड़ जाता है।
दौलत शोहरत ज़्यादा हो,
तब वक़्त कम पड़ जाता है।
बहुत करीब हो मंज़िल,
तब सब्र कम पड़ जाता है।

8. नफरतों का शोर

नफरतों के शोर में एक घुटन सी रहती है,
के ज़िन्दगी फिर ज़िन्दगी कहाँ रहती है।
साल बीते, सियासत दान बदल गए हैं,
ग़रीबी आज भी मायूस सहमी सहमी रहती है।
आग लगाकर, लाशें बिछाकर कहना, भूल जाओ,
इंसानियत गुम है, पता करो कहाँ रहती है।
आदतन समंदर थम कर खारा हो जाता है,
फितरतन मीठी नदियां निरंतर बहती रहती हैं।

9. अजीब शख्श

अपनी हर तक़लीफ से चुपचाप निपटता है,
जिस बात पे रोते हैं सब उस बात पे हँसता है।
छोटी सी छोटी बात पे बहस करते हैं सभी,
वो हर बात में बस सिर हिला दिया करता है।
यूँ तो ज़िन्दगी का तजुर्बेकार मालूम होता है,
अक्सर मासूम बच्चों सा खिलखिला पड़ता है।
आ जाए तूफ़ान तो घरों का रुख करते हैं सब,
अजीब शख़्स है वो बेखौफ़ घूमने निकलता है।

10. मलाल न रहे

ख़्वाबों की खातिर कुछ कर गुज़र जाओ,
हक़ीक़त को तुम से कोई सवाल ना रहे।
दिल की सुनो और सबको सुना जाओ,
बेफ़िज़ूल ज़ेहन में कोई बवाल ना रहे।
अपनी मंज़िल ख़ुद लिखते चले जाओ,
भटक जाने की रास्ते की मजाल ना रहे।
ज़िंदगी के इश्क़ में ज़िंदगी जी जाओ,
मौत से मिलो तो कोई मलाल ना रहे।

11. सिफ़र से ही शुरुवात होती है

सिफ़र से ही शुरुवात होती है,
कुछ भी यूँ ही नहीं होता,
हर बात में कुछ तो बात होती है।
हो सूखी ज़मीन और बेबस फसलें,
बादलों के आने से,
उम्मीद तो बनती है लेकिन,
किसान को सुकून तभी मिलता है,
जब बरसात होती है।
हम अजीब हैं, ये सच कड़वा है बेशक,
वरना औरों के चेहरे की शिकन में,
अपने दिल में ख़ुशी पा जाना,
ये भी कोई बात होती है?
माना आसान नहीं इंसान होना इन दिनों,
लेकिन, ख़ुद को ख़ुदा जान कर,
ख़ुदाई को बदनाम करने की गुस्ताखी,
बेसबब, सरेआम, बेहिसाब होती है।
गौर करने की बात इतनी सी है,
shikhar पे सफ़र का अंत होता है और,
सिफ़र से फिर शुरुवात होती है।

12. चाहने को हम क्या नहीं चाहते

चाहने को हम क्या नहीं चाहते,
पाने के लिए, बस कर गुजरने की देर है।
जो लोग रखते हैं ख़ुद पर भरोसा,
वो नहीं कहते, सब किस्मत का फेर है।
चेहरे से कहाँ दिखता है किरदार,
नज़रों को पढ़िए, उनमें ना कोई फरेब है।
खामियाँ तो हर किसी में यहाँ,
पहचान कर सुधार लें, जागो तभी सवेर है।

13. धुआँ धुआँ करके शहर

धुआँ धुआँ करके शहर अब साफ आबो हवा खोजते हैं,
करके कुदरत को जख्मी खुद अपने लिए जन्नत ढूँढते हैं ।
मासूम बहुत हैं शीशे के घर बनाकर पत्थरों से खेलते हैं,
खुद जलाकर आए थे पुल अब वापसी का रास्ता ढूँढते हैं।
सवालों के जवाब होते थे कभी अब सवाल ही हुआ करते हैं,
डूबे, जले या किसी की साँस थमें लोग चादर तान के सोते हैं।
गुलामी की आदत पुरानी है अब तक अना का बोझ ढोते हैं,
गैरों की तकलीफ़ महसूस करें ऐसे इंसान अब कम ही होते हैं।

14. सूरत से सीरत का पता कहाँ चलता है ?

सूरत से सीरत का पता कहाँ चलता है ?
दिखावे से नीयत का पता कहाँ चलता है ?
गरीब की नम आँखों को देखा है कभी,
उसमें हज़ारों खुशियों का भरम पलता है।
बचपन में जलती बस्ती देखी थी उसने,
वो आज भी माचिस की तीली से डरता है।
बेज़ुबान शजर नहीं, जो काट दिया गया,
बेज़ुबान शहर है, जो बुज़दिलों से वाबस्ता है।
छोटा मुद्दा जानकर दरकिनार कर रहें है जिसे,
कौन हमें समझाए कि वही तो असल मसला है।

15. हम मसरूफ़ रहा करते हैं

हम मसरूफ़ रहा करते हैं,
सबसे यही कहा करते हैं।
लोग अब घरों में नही रहते,
बहुत जल्दी में रहा करते हैं।
छोटी सी बात पर बिफरने वाले,
कहते हैं हम बहुत सहा करते हैं।
सुनने समझने की रीत पुरानी,
जो मन में आए कहा करते हैं।
जिनको ज़िन्दगी का नही सुरूर,
जाने किस नशे में बहा करते हैं।

16. कहने सुनने का सलीका आता है उसे

कहने सुनने का सलीका आता है उसे,
इंसा होने का सलीका आता है उसे।
जैसे भी हों हाल मुस्कुराना जाने वो,
ज़िंदा रहने का तरीका आता है उसे।
वो किसी से धोका चाहे भी तो कर न पाए,
ऐसा कोई ख़्वाब भी डराता है उसे।
लोग बादशाह बन परेशां ही रहें,
वो अजब है हर गरीब चाहे है उसे।
उसके पास खोने को नहीं है रत्ती भर,
तू फिज़ूल जाने क्यूँ डराता है उसे।

17. तबाही का इल्म जंग के दौरान नहीं होता

देख कर क़ुदरत का करिश्मा हैरान नहीं होता,
इन्सानों की बेजा अना से परेशान नहीं होता।
सुना है हर किसी से झगड़ पड़ता है खामखा,
यूँ बेधड़क सच बोल देना आसान नहीं होता।
तबाह हो जाती हैं नस्लें एक पल के जुनून में,
तबाही का इल्म जंग के दौरान नहीं होता।
शांत समंदर भी तो निगल सकते हैं कश्तियां,
हर डूबे जहाज़ का गुनहगार तूफान नहीं होता।
ज़िन्दगी की अहमियत समझ ही नहीं आती,
जब तलक के मौत का फरमान नहीं होता।

18. मंजिल मिली तो ठहर गए हैं

तुम्हारी ख़ुशबू से भर गए हैं,
तुमसे मिलकर निखर गए हैं।
खौफ़ खाती है अब हमसे मायूसी,
ग़म के साये न जाने किधर गए हैं।
आसमां तारों की तशतरी हुआ,
जमीं पर जुगनू बिखर गए हैं।
नाराज़ रहा करते थे फितरतन,
कहते हैं लोग हम सुधर गए हैं।
भागते रहे ख़ुद ही से खामखा,
मंज़िल मिली तो ठहर गए हैं।

19. क्यूँकि अब पहले की तरह ख़त लिखे पढ़े नहीं जाते

क्यूँकि अब पहले की तरह ख़त लिखे पढ़े नहीं जाते,
गीतों और ग़ज़लों में भी वो जज़्बात नज़र नहीं आते।
ख़त फ़क़त हाल चाल बयाँ करने का ज़रिया नहीं थे,
उन लम्हों के गवाह थे जो दोबारा लौटकर नहीं आते।
लिफ़ाफ़ा देख ख़त का मज़मून भाँप लेना आसां था,
अब साफ़ साफ़ लिखा पढ़कर भी समझ नहीं पाते।
ख़त रिश्तों को संभाले रखने में माहिर हुआ करते थे,
इन दिनों गर बिगड़ें रिश्ते तो ताउम्र संभल नहीं पाते।
ख़तों के दौर के साथ और भी बहुत कुछ खत्म हुआ,
साइकिल की घंटी बजाते डाकिये अब घर नहीं आते।

20. एक बार यूँ करना

मुश्किल है फ़लक से ज़मीन को समझ पाना,
एक बार यूँ करना ज़मीन पर उतर कर चलना।
बारिश के पानी में भीगना नहीं गवारा तुमको,
एक बार यूँ करना चाँदनी में नहा कर देखना।
खाने में नुक़्स निकालने का हुनर रखते हो,
एक बार यूँ करना ख़ुद तवे पर रोटी रखना।
दौलत और रुतबा गर ताक़त लगे है तुमको,
एक बार यूँ करना आईना देर तलक तकना।
एक अरसे से अपने जज़्बात ज़ब्त किए हो,
एक बार यूँ करना बच्चों सा खुलकर हँसना।

21. किसी के मुस्कुराने की वजह बन जाओ

किसी के मुस्कुराने की वजह बन जाओ,
मिटा दो तीरगी किसी शब की सुबह बन जाओ।
तुम ने ख़ुद को पहचाना नहीं है अब तक,
तुम चलो तो रास्तों के चलने की वजह बन जाओ।
माना मुश्किल है इन्सान का बे-ग़रज़ होना,
गर हो सके तो तुम एक माँ की तरह बन जाओ।
सुकूँ बाहर कहाँ वो तो तुम में ही है मौजूद,
लौट आओ अपने पास ख़ुद अपने घर बन जाओ।
जब हर तरफ गुबार हो बेइंतहा नफरतों का,
शमशान और कब्रों की भीड़ में दरगाह बन जाओ।

22. हार औ जीत सब बेमानी

कुछ न कुछ तो होगा ही,
क्यूँ न करें जो लगे सही।
सब अपनी सोच में डूबे,
तेरी सोचे ये किसे पड़ी।
हमेशा ख़फ़ा ख़फ़ा रहना,
आदत ये कोई भली नहीं।
ज़ीस्त को समझने निकले,
ख़ैर नादान तुम पहले नहीं।
हार औ जीत सब बेमानी,
गर दिल से तुम खेले नहीं।

23. जैसे जैसे हम बड़े होते जाते हैं

जैसे जैसे हम बड़े होते जाते हैं,
थोड़े से कम इंसान होते जाते हैं।
इसे दुनियादारी कहो या समझदारी,
सच यही है के बेईमान होते जाते है।
गौर से देखने पर भी अक्स ना दिखें,
दागों से भरपूर आईना होते जाते हैं।
औरों की कहानियों पर हँसते हँसते,
ख़ुद भूली बिसरी दास्ताँ होते जाते हैं।
वबा में हमदर्दी के रास्ते पर चलने वाले,
मुसाफिर नहीं रहते कारवाँ होते जाते हैं।

24. इससे पहले कि ज़िंदगी की शाम हो जाए

इससे पहले कि ज़िंदगी की शाम हो जाए,
सारे अफसोस, शिकवे-गिले तमाम हो जाएं।
चुपचाप निभाते हैं इंसानियत की रस्में,
उन फरिश्तों का तहे दिल एहतिराम हो जाए।
बहुत हुई मतलब परस्ती, बोलो कुछ यूँ के,
तुम्हारे बोल, ख़ुलूस के पयाम हो जाएं।
नफरत फैलाने वालों के माथे पर शिकन नहीं,
अमन औ मोहब्बत का जश्न सरेआम हो जाए।
मुसाफिर का वास्ता, रास्ते से, सफर से,
वो सफर क्या? जिसमे मंजिल क़याम हो जाए।

25. बस किरदार बदलते रहते हैं

सादगी वही रहती है,
अहंकार बदलते रहते हैं..
जवाब वही रहते हैं,
सवाल बदलते रहते हैं..
तमाशा वही होता है,
तमाशबीन बदलते रहते हैं..
मज़हब वही सिखाता है,
उसके ठेकेदार बदलते रहते हैं..
अखबार वही छपते हैं,
समाचार बदलते रहते हैं..
दरख़्त की छांव वही होती है,
ठहरने वाले बदलते रहते हैं..
कहानी वही रहती है,
बस किरदार बदलते रहते हैं..

26. आईना क्या बोल गया

आईना क्या बोल गया,
सारे ही भरम तोड़ गया।
बोल सच से भी कड़वे,
सुनते ही खून खौल गया।
कंबख्त बेरहम निकला,
हमें हमसे ही तोल गया।
हम बेहद हल्के निकले,
रहा सहा भी मोल गया।

27. बदलना खुद को जरूरी है, औरों को नहीं

बदलना ख़ुद को जरूरी है, औरों को नहीं,
ज़माना साथ आएगा, तू कदम बढ़ा तो सही।
रास्ते की तमाम मुश्किलें और सारी अड़चने,
धुआँ हो जाएंगी, नज़रों से धूल हटा तो सही।
जब तलक नींद न आये, ख़्वाब कैसे देखोगे,
ख़्वाब पूरे होंगे, तू ख़ुद को ज़रा जगा तो सही।
ज़िन्दगी तेरी अपनी है, उसे रूठने का हक़ है,
मान भी जाएगी, तू ख़ुद को पहले मना तो सही।

28. बीते हुए सालों से ज़िन्दगी का हिसाब चाहते हैं

बीते हुए सालों से ज़िन्दगी का हिसाब चाहते हैं,
आने वाले नए साल से मुश्किलों का जवाब चाहते हैं।
दिन महीने साल एक ही पन्ने पर गुजारते हैं मगर,
यकाकक कुछ ही लम्हों में मुकम्मल किताब चाहते हैं।
लोग भी कितने अजीब हैं ज़ुबाँ से काँटे बिखेरकर,
बदले में हर किसी से सिर्फ़ औ सिर्फ गुलाब चाहते हैं।
सब कुछ पा लेने की चाहत की कोई इंतिहा नहीं.
एक जेब में चाँद औ दूसरी में आफ़्ताब चाहते हैं।
सियासत का कमाल देखिये बादशाह इन दिनों,
गरीबी का चेहरा बन फ़कीरी का ख़िताब चाहते हैं।

29. नींद ठहर जाएगी यूँ ही

नींद ठहर जाएगी यूँ ही,
रात गुज़र जाएगी यूँ ही।
धड़कनों की सदाएँ सुन,
साँसे संवर जाएगी यूँ ही।
ख़यालों से मशवरा कर ले,
उम्मीद नज़र आएगी यूँ ही।
तीरगी में डूब कर तो देख,
रोशनी मिल जाएगी यूँ ही।

30. दुश्वारियों को हँस कर गले लगाया करो

परिंदे कैसे हर एक तिनका पूरी शिद्दत से चुनते हैं,
हर बार उजड़कर नए आशियाने का ख़्वाब बुनते हैं।
सियासत की रसोई में मतलबी पकवान बनते हैं,
और वहां से निकले नफ़रती धुएं में इंसान घुटते हैं।
तुम्हारा शोर मचाना चीखना चिल्लाना फ़िज़ूल है,
जिनको सुनना होता है वो एक आवाज़ पे सुनते हैं।
रास्तों की दुश्वारियों को हँस कर गले लगाया करो,
सच्चे मुसाफिर अपनी मंज़िल पाकर ही रुकते हैं।
सब कुछ आसानी से मिल जाए ये तय कब हुआ?
कमल कीचड़ में, तो कांटे बंजर ज़मीन पे उगते हैं।

31. तारों से रात भर बात की जाए

खुले आसमानों में तारों से रात भर बात की जाए,
बादलों के सायों में जुगनूओं की तलाश की जाए।
दूर कहीं रेल गुजरती है नींद को थपकी देते हुए,
कभी कभार जागकर उसकी लोरी सुन ली जाए।
सुबह होते ही अक्सर भुला देते हैं रात को हम,
क्यूँ ना तीरगी-ए-शब से दोस्ती कर ली जाए।
रात हमेशा से ख़ामोश गवाह है हमारे जज्बातों की,
एक दफा गुफ्तगू में उसके भी हालात सुने जाएं।
रात, सुबह से शाम तक का आईना है मेरे दोस्त,
गर हो सके तो इसमें ख़ुद से मुलाक़ात की जाए।

32. ज़ख़्मों को कुरेदने से वो भर तो नहीं जाते

ज़ख़्मों को कुरेदने से वो भर तो नहीं जाते,
जाने इस बात को हम समझ क्यूँ नहीं पाते।
किसी के दर्द को महसूस करना इंसानियत है,
उससे खिलवाड़ करने वाले मर क्यूँ नहीं जाते।
इतनी नफरत, न जाने किस बात का फितूर है,
हर तरफ लगी आग देख सिहर क्यूँ नहीं जाते।
रोज़ अपने शक्तिशाली होने का शोर मचाते हो,
जब मुसीबत आती है कहीं नजर क्यूँ नहीं आते।
बामुश्किल ये इमारत इस ऊँचाई तक आई है,
गर संभाल नहीं सकते तो उतर क्यूँ नहीं जाते।

33. ख़ुद से खफा क्यूँ रहते हो

ख़ुद से खफ़ा क्यूँ रहते हो,
बड़ी ख़ता है क्यूँ करते हो।
हर सवाल का जवाब मिले,
कैसी उम्मीद लिए फिरते हो।
ऐसे दौर से हर कोई गुज़रा,
ये ना समझो तुम ही बिरले हो।
कोई भला क्यूँ तुमको समझे,
ख़ुद को ही तुम कब समझे हो।
ज़माना हुआ आईना बदले,
हो ही नहीं तुम जैसे दिखते हो।

34. तू खुद ही अपना रहबर होगा

राह भटक भी जाए अगर, तू ख़ुद ही अपना रहबर होगा,
ज़िंदगी के सफ़र में तेरा, तुझसे अच्छा कौन हमसफ़र होगा।
जब भी लगने लगे झूठ का शोर हद से ज्यादा बढ़ा हुआ,
गौर से देखना, सच आसपास ही सहमा हुआ मुख्तसर होगा।
ये जरुरी नहीं, हर बार मुसीबत में तजुर्बा ही काम आए,
बच्चों से भी सीख लेते हैं, क्या पता कब क्या कारगर होगा।
भूख से बढ़कर मजबूरी कुछ और भी है, नहीं मालूम मुझे,
गरीब खाते हुए भी सोचे, अगला निवाला कब और कैसे मयस्सर होगा।
कोई कहे वक़्त थम गया, किसी को लगे ज़िन्दगी रुकी हुई,
ये जो बदला है कुदरत ने जीने का अंदाज़, इसका असर उम्र भर होगा।

35. तेरे झोले में रखी दुआएं ढेर सारी है

यूँ ही बेवजह की तलाश जारी है,
खामखां माथे पर शिकन भारी है।
सफ़र पर निकल जो पड़े हो तुम,
अब कहाँ रास्तों से पर्दा दारी है।
गर आफत कोई आ भी जाए तो,
तेरे झोले में रखी दुआएं ढेर सारी है।
हर फैसला वक़्त का सर आँखों पर,
रब से इसकी बड़ी पुरानी यारी है।
ज़िक्र अलसाई शामों का शायरी में,
शायरों से खफ़ा सुबह की खुमारी है।

36. क़ाफ़िया क्या है ? ग़ज़ल किसे कहते हैं?

ये जो मैंने अभी अभी लिखा है क्या यही "मतला" है ?
"ग़ज़ल" लिखना और बात है समझ पाना अलग मसला है।
गौरतलब है "रदीफ" ठीक नहीं था "मतला" बिगड़ गया,
आंखों से दिखना और बात है देख पाना अलग मसला है।
"क़ाफ़िया" ठीक ठाक है उसने "ग़ज़ल" को बचाए रखा है,
लड़खड़ाना और बात है वक़्त रहते संभल पाना अलग मसला है।
जवानी के चार दिन होते हैं तो ग़ज़ल में चार शेर कम क्यूँ ?
कायदे होना और बात है अमल कर पाना अलग मसला है।
बिना "बहर" समझे "मकता" लिख दिया तूने "गौरव"
"तखल्लुस" रखना और बात है "शायर" बन पाना अलग मसला है।

37. समझो मुंसिफ़ की हैरानी का सबब

डेढ़ साल में ही इंटरनेट बहाल कर दिया,
जम्हूरियत की अम्मा ने कमाल कर दिया।
उसके इश्क़ से टपक रही थी मासूमियत,
काँपते हाथों ने गुलाब संभाल कर दिया।
अब वादों और जुमलों में फर्क ही कहाँ,
अच्छे दिन के ख्यालों ने निढाल कर दिया।
मोहब्बत के दरिया में डूबा तू इस कदर,
साँस लेना भी अपना मुहाल कर दिया।
समझो मुंसिफ़ की हैरानी का सबब,
मुल्ज़िम ने पलट कर सवाल कर दिया।

38. लाज़िम नहीं ठोकर से चोट ही लगे

कुछ बातें कहने के लिए होती हैं,
कुछ बातें करने के लिए होती हैं।
हर वादे पर एतबार क्यूँ करते हो,
कुछ कसमें मुकरने के लिए होती हैं।
लाज़िम नहीं ठोकर से चोट ही लगे,
कुछ आफतें निखरने के लिए होती हैं ।
कुछ सदाएँ शोर में गुम हो जाती हैं,
कुछ मन में उतरने के लिए होती हैं ।
बेशक चलते रहना बेहद ज़रूरी है,
कुछ मंज़िलें ठहरने के लिए होती हैं।

39. जब भी तन्हाइयाँ उमड़ती हैं

जब भी तन्हाइयाँ उमड़ती हैं,
कितनी परछाइयाँ उभरती हैं।
ज़रूरतें कम हो चाहे जितनी,
ख्वाहिशें बेहिसाब मचलती हैं।
जब से शोर कुछ शांत हुआ है,
खामोशियां पुरजोर खनकती हैं।
शब और सुबह की न कोई सुध,
शामें भी मुश्किल से गुजरती हैं।

40. सफर

तुम यूँ जो चल रहे हो,
ख़ुद ही को छल रहे हो।
किस दौड़ में हो शामिल,
अपनों को खल रहे हो।
ज़माने का कुसूर नहीं है,
तुम जो बहल रहे हो।
दम भर तो साँस ले लो,
हर पल जो जल रहे हो।
बाहर से बेशक तरोताज़ा,
अंदर तो गल रहे हो।

41. मौन

चीखती हुई गाड़ियों में,
बदहवास भागते लोग।
सोई हुई रातों में,
बेवजह जागते लोग।
रिमझिम बारिशों को,
दूर से निहारते लोग।
अपने मन के बोझ तले,
छटपटाते, कराहते लोग।
जो अंदर है मौजूद,
उसे बाहर तलाशते लोग।

42. क़लम

क़लम को तलवार का दर्जा यूँ ही नहीं दिया गया,
इसकी धार को हर दौर में बारीकी से परखा गया।
ज़ुल्म इश्क़ खौफ़ इबादत या हो मौत का जलसा,
लाजवाब दिखे जब क़लम की नज़र से देखा गया।
जो अपनी सोच को क़लम की ज़ुबाँ से कह पाया,
लाखों ज़हनों तक पहुंचा करोड़ों लबों से बोला गया।

43. सुबह सुबह शाम का ज़िक्र शामिल हुआ

सुबह सुबह शाम का ज़िक्र शामिल हुआ,
गो इस तरह आज का दिन कामिल हुआ।
जंगल पर्वत नदियों को उजाड़ने वाले का,
इल्ज़ाम क़ुदरत पे है कि वो कातिल हुआ।
जब जब तूफान की दस्तक हुई समंदर में,
नाउम्मीद कश्ती को लगे दूर साहिल हुआ।
बेशक महफ़िल एक मुद्दत तक बेरंग रही,
पर रंग निखर आया जब वो दाखिल हुआ।
अपने आशियाने में लगी आग न दिखे,
क्या ऐसा भी कभी कोई ग़ाफ़िल हुआ।
सब कुछ जीत लिया पर खुद को हार बैठा,
ऐसी ज़िन्दगी से तुझको क्या हासिल हुआ।

44. दुख

दुख को हम कभी समझ ही नहीं पाए,
ये तो बस हमें आईना दिखाने आता है।
बहुत करीब से अपनी असलियत देख,
हमारा वज़ूद घबराता है, सहम जाता है।
सूरत आईने में निहारना बुरी बात नहीं,
सीरत संवारने से इंसान निखर जाता है।

45. ये रास्ता रुका रुका

ये रास्ता रुका रुका,
रुकी रुकी सी है हवा।
किसी ने कुछ नहीं कहा,
किसी ने कुछ नहीं सुना।
न ख़बर हुई न पता चला,
घर से चले इक अरसा हुआ।
चोट लगी तो मरहम भी लगा,
दुआ बेकार, बेअसर रही दवा।
जब भी मुड़कर पीछे देखा,
सुनाई दी कोई न कोई सदा।
मुसाफ़िर की बस इतनी ख़ता,
मंज़िल पाकर भी सफर का रहा।

46. सच कहने से डरते हो

सच कहने से डरते हो,
ख़ुद से रूबरू कैसे करते हो।
जब रस्ता सीधा सीधा है,
क्यों टेढ़े मेढ़े चलते हो।
मन की चोट कितनी है गहरी,
हरदम बुझे बुझे से रहते हो।
एक दिन तो जाना ही है,
क्यों जीते जी ही मरते हो।
आज, कल की तरफ बढ़ रहा,
क्यों बीते कल में बसते हो।
दुनिया जहान की सुनते रहना,
कब अपने मन की सुनते हो।

47. वक़्त कभी रुकता नहीं

वक़्त कभी रुकता नहीं,
वक़्त कभी थकता नहीं।
दुनिया हारे इसके आगे,
वक़्त कहीं झुकता नहीं।
इसके साथ चलो तो ठीक,
ये किसी की सुनता नहीं।
आज अभी इसी पल में है,
कल में कभी मिलता नहीं।
चाहे लाख जतन कर लो,
ये जो वक़्त है, थमता नहीं।

48. बेरोज़गारी

जो कुछ नहीं करते, कितना कुछ करते हैं,
सुबह से शाम तक लोगों के उल्हाने सहते हैं।
बीए, एमए, एमबीए, की डिग्री थामें,
बस एक अच्छे मौके की आस में रहते हैं।
परीक्षा पर्चा लीक कर कोई करोड़ों छापे,
सवाल उठाने वालों पर मुसलसल डंडे बरसते हैं।
सरकार लाखों नौकरियों का सपना दिखाए,
सवाल मगर सपने देखने वालों पर ही उठते हैं।
बीटेक पानीपुरी वाली, एमबीए चायवाला,
सुन गर्व करें, जाने हम किस दुनिया में बसते हैं।

49. अरसे से बंद है इस दिल के दरवाजे

अरसे से बंद है इस दिल के दरवाजे,
हर शब मगर दस्तक दे जाता है कौन।
बेशर्म बेहया इश्क़ के इस ज़माने में,
निगाहें मिलते ही शर्माता है कौन।
चेहरे पर चुप्पी, मन में चीख़ पुकार,
दिल की बातें खुलकर कह पाता है कौन।
कानून के हाथ तंग आँखों पर पर्दा,
गो जुर्म करके घबराता है कौन।
इंसानियत का नामो निशाँ मिट रहा,
गाहे-ब-गाहे नूर-ए-ईमान दिखाता है कौन।

50. ख़ैर कभी और सही

कुछ दिनों से ख्यालों का बादल गहरा हुआ है,
वजह तुमको बतलाते हम, ख़ैर कभी और सही।
ख़याल कब फ़िक्र हो जाते हैं गुमान नहीं होता,
ये ख़ुद को समझाते हम, ख़ैर कभी और सही।
अपने अंदर का मौसम भी ख़ुशनुमा हो जाता,
बादल सा बरस जाते हम, ख़ैर कभी और सही।
ज़िन्दगी ने हर दफ़ा हँसकर गले से लगाया है,
काश ज़िन्दगी हो जाते हम, ख़ैर कभी और सही।
हर एक तजुर्बा कहानी और हम उसके किरदार,
रोज़ नया क़िस्सा सुनाते हम, ख़ैर कभी और सही।

51. अपनी ही परछाई से भागते हैं लोग

अपनी ही परछाई से भागते हैं लोग,
रह रह कर नींदों में जागते हैं लोग।
अपने गिरेबाँ का मैल खुशबू सा लगे,
औरों के चेहरे पर कालिख़ तलाशते हैं लोग।
डूबते को सहारा न भी दें तो ठीक,
तिनका चुराकर तमाशा ताकते हैं लोग।
औरत इन्हें हाड़ मांस का टुकड़ा दिखे,
हैवानियत की सारी हदें लाँघते हैं लोग।
दौलत, ताक़त और नफ़रत के नशे में चूर,
ख़ुद को ख़ुदा से बढ़कर मानते हैं लोग।

52. ऐसा पहली बार नहीं है

ऐसा पहली बार नहीं है,
कि तुम्हे ख़ुद पर एतबार नहीं है।
धो डालो सारे ग़म बहते हुए अश्कों से,
तुमको इनकी दरकार नहीं है।
हार के मुँह से जीत छीनी है तुमने,
मायूसी से तुम्हारा, कोई सरोकार नहीं है।

53. समझ ज़हीन है, आती है, आते आते

समझ ज़हीन है, आती है, आते आते,
अना अक़्ली तौहीन है, जाती है, जाते जाते।
रिश्ते की डोर नाज़ुक है, महीन है,
उलझ जाती है, रिश्ते निभाते निभाते।
उसे सबक न जाने कब मिलेगा,
ज़िंदगी थक गई, उसे सिखाते सिखाते।
अरसा हुआ, वो रात जाने कहाँ गुमशुदा है,
जो सुलाती थी, लोरी सुनाते सुनाते।
चाहे जितना मर्ज़ी उसे अनसुना करो,
माँ नहीं थकती, तुम्हे आवाज़ लगाते लगाते।

54. एक साल शुरू, एक साल ख़त्म

एक साल शुरू, एक साल ख़त्म,
कर शिकवे गिले और मलाल ख़त्म।
जवाब मिल ही जायेगा एक रोज़,
शर्त ये है कि न हो सवाल ख़त्म।
दिलों से निकलती रहें दुआएं,
भले ही हो जाये बोल चाल ख़त्म।
नफरत, मक्कारी, और झूठ से चले हुकूमत,
लाज़िम है कि हो जहालत की ये मिसाल ख़त्म।
इस कायनात में एक कतरा भर ही तो है,
भूल अना, करदे "मैं" का ये बवाल ख़त्म।

55. कुछ तो कहना था

कुछ तो कहना था,
यूँ चुप न रहना था।
शोर जो था मन में,
ज़ज़्ब न करना था।
क्यूँ सहते रहे तुम,
इतना न सहना था।
पँछी सा उड़ना था,
दरया सा बहना था।

56. मेल जोल जारी रखिये

मेल जोल जारी रखिये,
थोड़ी समझदारी रखिये।
आधी अधूरी बातें क्यूँ,
बात अपनी सारी रखिये।
मन हल्का ही बेहतर,
यूँ न इसको भारी रखिये।
ज़मीं से राब्ता रखकर,
उड़ने की तैयारी रखिये।
रुक रुक कर ही सही,
सफर मगर जारी रखिये।

57. ये मेरे रूबरू कौन है

ये मेरे रूबरू कौन है,
जो मुझसे पूछे के तू कौन है।
देखने में मुझसा लगे,
गर मैं नहीं तो फिर ये कौन है।
मेरी शख्सियत और वज़ूद पर,
मुझसे ही सवाल करे ये कौन है।
मेरा अक्स हो, मुमकिन नहीं,
बेख़ौफ़ और बेबाक ये कौन है।
ये आईने में ही दिखता है,
कभी बाहर मिले तो पूछूँ कौन है।

58. रात

रात की आँखें तीरगी के परे रोशनी तलाशती है,
रात की आवाज़ खुद को ख़ामोशी में तराशती है।
रात चुपचाप हमारे शिकवे शिकायते सुनकर,
सुबह होने तलक हमें बिखरने से संभालती है।
रात से न जाने क्यों हमें डरना सिखाया गया,
रात जाने कितने बेसहारों को माँ जैसे पालती है।

59. रोज़ रोज़ दिल-लगी अच्छी नहीं

रोज़ रोज़ दिल-लगी अच्छी नहीं,
बेवज़ह नाराज़गी अच्छी नहीं।
बारहा लगने लगी हैं महफ़िलें,
इस कदर आवारगी अच्छी नहीं।
दुनियादारी से कोई ताल्लुक नहीं,
गो ऐसी शाइस्तगी अच्छी नहीं।
जो दिल में वही जुबान पर,
इतनी दीवानगी अच्छी नहीं।
ना बनावट, ना मिलावट, ना दिखावा,
ऐसी बेपनाह सादगी अच्छी नहीं।
हर किसी का दर्द महसूस करना,
बेरहम शहर में दरिया दिली अच्छी नहीं।

60. दिल में बस जाती है रात

दिल में बस जाती है रात,
ज़ेहन में घर कर जाती है रात।
चुप चुप सी रहती है लेकिन,
बहुत कुछ कह जाती है रात।
चाँद सितारे चाहे रूठ जाएं,
कभी कहीं नहीं जाती है रात।
सियाह रात से डरते थे इंसान,
अब इंसान से डर जाती है रात।
यादें, बिखरे ख़्वाब औ नम आँखें,
कितना कुछ सह जाती है रात।

61. जैसे भी हो तुम अच्छे हो

किसका रस्ता देख रहे हो,
किस ख़याल में डूबे हुए हो।
तुमको शायद ख़बर नहीं,
ख़ुद से कितने दूर हुए हो।
सब तो सुलझा सुलझा सा है,
जाने तुम क्यूँ उलझे से हो।
ज़्यादा सोच के कुछ न होगा,
जैसे भी हो तुम अच्छे हो।

62. तू ख़ुद ही एक ज़माना है

सब पाकर फिर खो जाना है,
आख़िर तो मिट्टी हो जाना है।
कल झगड़े आज गले मिलो,
फ़ुज़ूल मन में बैर बसाना है।
उतार चढ़ाव औ सुख दुख,
ज़िन्दगी का ताना बाना है।
वक्त साथ नहीं तेरे तो क्या,
तू ख़ुद ही एक ज़माना है।

63. मॉडर्न इश्क और ब्रेक अप

वक़्त लगता नहीं अब रंग बदलने में,
लोग चेहरे पर फ़िल्टर लगाने लगे।
एक टेक्स्ट से बिखर जाती है यारियाँ,
जिन्हें बनाने में कितने ज़माने लगे।
वो मुक़ाम भी आ ही गया आख़िर,
जब सैड सांग्स मन बहलाने लगे।
इश्क़ बिग स्क्रीन नहीं ओटीटी हुआ,
बिंज करके फिर सर्च बटन दबाने लगे।
ब्रेकअप को जल्दी से बाय बाय करो,
इससे पहले ब्रेकडाउन तंबू लगाने लगे।

64. कुछ बेहतर ये हालात सही

कुछ बेहतर ये हालात सही,
पर पहले जैसी बात नहीं।
सपने तुमने बहुत थे देखे,
पर शायद तुमको याद नहीं।
हँसते हँसते झूठ बोल देना,
सबके बस की बात नहीं।
दुनिया से उम्मीदें रखते हो,
तुम ख़ुद ही अपने साथ नहीं।
सूरज की आँखों में आँख डाले,
ऐसी भी सियाह कोई रात नहीं।

65. दूर का सफर है

दूर का सफर है,
राह पर नज़र है।
छोटी सी कश्ती,
अथाह सागर है।
हवा चुप लहरें शांत,
तूफान की ख़बर है।
मुसाफिर हैरान,
मंज़िल बेफिकर है।
उम्मीद बरकरार,
आसमान रहबर है।

66. फिक्र फ़िज़ूलहै

आने वाले कल की,
न किसी को ख़बर है।
बस यही सच है,
कि आज बेहतर है।
न कोई तुझसे ज़्यादा,
न कोई कमतर है।
तू बेवजह परेशां है,
फ़िज़ूल ये फिकर है।
ज़िन्दगी शतरंज की बाज़ी नहीं,
बस साँप सीढ़ी का शग़ल है।

67. सफर अधूरा छोड़ दिया

सफर अधूरा छोड़ दिया,
जो वादा खुद से था, उसे तोड़ दिया।
अब किस किस को समझाओगे,
ये सफर यहीं तक था लिक्खा।
जितना सिखाया इसने, उतना अच्छा।
ये अंत नहीं, शुरुवात है बस,
जाने और कितने रास्तों पर है चलना।
कितनी नई मंज़िलों से तुम्हे है मिलना।
वादा बस चलते रहने का था।
अधूरा छोड़ा, या फिर पूरा किया;
गर मन से किया, तो अच्छा किया।

68. दकियानूस दुनिया

कभी कमाल तो कभी लाइलाज ये दुनिया,
दूर से हसीन और करीब से ग़मगीन ये दुनिया।
झूठ को सर पर बिठाए, सच को दुत्कारे ये दुनिया,
जात पात, भेद भाव, पाखंड से लबरेज़ ये दुनिया।
चाँद पर पहुंचकर भी, रह गई दकियानूस ये दुनिया,
दुनिया आखिर है क्या? हमसे तुमसे बनी ये दुनिया।

69. ख़्वाब

इक ख़्वाब परेशाँ करता है,
दिन रात परेशाँ करता है।
जितना उसको बहलाता हूँ,
उतना ही परेशाँ करता है।
नींद और चाँद से दोस्ती,
मुझ ही को परेशाँ करता है।
मुक़म्मल होकर भी अधूरा,
बेहिसाब परेशाँ करता है।

70. असमंजस

कशमकश में जी रहे हैं,
उधड़ते लम्हों को सी रहे हैं।
सामने है उमड़ता सागर,
हम सहरा में कतरा पी रहे हैं।
खामखा की उलझने लिए,
जाने कैसी ज़िन्दगी जी रहे हैं।
सब कुछ लगा दें जो दांव पर,
मंज़िल पा जाने वाले वही रहे हैं।
सिर्फ हम तुम ही नहीं "गौरव"
इस असमंजस में तो सभी रहे हैं।

71. अम्मा

ठीक ठीक याद है मुझको।
माँ को सबसे पहले अम्मी बुलाया,
फिर धीरे धीरे मम्मी बोल पाया।
कोई अम्मा कहे, तो कोई माई,
मॉम, मदर, बेबे या फिर आई।
चाहे जिस नाम से पुकारो उसे,
उससे ज़्यादा प्यार न कोई करेगा तुझे।
जब तक उसका साया घर पर रहे,
तब तक ही घर भी घर सा रहे।

72. मेरे ख़त पढ़कर

मेरे ख़त पढ़कर उनको अंदाज़ा हो गया होगा,
के मुझमें नहीं हिम्मत ज़माने से बग़ावत की।
ख़तों में बस इधर उधर की बातें पढ़कर,
उन्हें ख़बर हुई होगी मेरी मासूम शराफ़त की।
अपने इश्क़ को क़ुर्बान कर ज़िंदा रहना,
जाने कमज़ोरी थी या निशानी मेरी ताक़त की।
जो भी लिखा और जैसा भी लिखा था,
मेरे ख़त सबूत और गवाह हैं मेरी सदाक़त की।
अब डर है कहीं बेग़म न पढ़ लें मेरे ख़त,
और खामखा हो जाये आगाज़ मेरी आफत की।

73. दिल से रंजिश निकाल दो यारों

दिल से रंजिश निकाल दो यारों,
सुकून का दामन थाम लो यारों।
अना और नफ़रत से कर तौबा,
इंसानियत को संभाल लो यारों।
आज ईद तो कल दीवाली होगी,
मकसद रोशनी है, जान लो यारों।
हर कोई वाक़िफ है हक़ीक़त से,
अब ख़ुद को, पहचान लो यारों।
बाँट सकें सुख दुख एक दूजे के,
तो ज़िन्दगी जश्न है, मान लो यारों।

74. कहीं ख़्वाब मुस्कुरा रहे

कहीं ख़्वाब मुस्कुरा रहे,
कहीं ख़्वाब खिलखिला रहे।
मुस्तक़बिल के खौफ में,
कहीं ख़्वाब थरथरा रहे।
उम्मीद के कतरों से,
कहीं ख़्वाब बुने जा रहे।
ख़्यालों की रोशनी से,
कहीं ख़्वाब टिमटिमा रहे।
हौसलों की बारिश में,
कहीं ख़्वाब लहलहा रहे।

75. रिश्ते

जब देने को कुछ नहीं था,
तो सब कुछ चाहिए था उसे।
आज जब कमाने लगा भाई,
तो उसकी खुशी से ही खुश हो जाती है।
देखते ही देखते,
बहनें भी माँ जैसी हो जाती हैं।
जब छोटा था उम्र में,
छोटी छोटी बातों पर झगड़ता था।
आज मेरा एक छोटा सा दुख देख,
दुनिया भर से भिड़ जाता है।
देखते ही देखते,
भाई भी दोस्त जैसे हो जाते हैं।
जब हम नासमझ बच्चे थे,
तब हमें डाँट डपट कर समझाते थे।
जैसे जैसे उम्र ढलती है,
इनकी ज़िद्द बढ़ती जाती है।
देखते ही देखते ,
माँ बाप भी बच्चों जैसे हो जाते हैं।
कभी साथ रहकर भी दूर होना,
कभी दूर से ही ख़बर रखना।
रिश्तों की समझ सबको,
आते आते ही समझ आती है।
देखते ही देखते,

रिश्ते रिश्ते न होकर,
खूबसूरत एहसास जैसे हो जाते हैं।

76. कर्म से ऊपर जात पात और धर्म रखते हैं

कर्म से ऊपर जात पात और धर्म रखते हैं,
नासमझ हैं, इंसान होने का भरम रखते हैं।
जिनकी जिम्मेदारी है सबको जोड़े रखने की,
वही दिलों में दरारें डालने का हुनर रखते हैं।
इंसानियत का मज़हब भूल चुके हैं हम सभी,
मतलब औ लालच को सर आँखों पर रखते हैं।
ना कोई परवाह ना खौफ़ कायदे कानून का,
ये सनक से भरे लोग कहाँ कोई शरम रखते हैं।
हर सियाह रात के बात आती है रोशन सुबह,
इसी उम्मीद पर इत्मीनान और सबर रखते हैं।

77. ग़म-ज़दा हालात में खुश रहना सिखा रही

ग़म-ज़दा हालात में खुश रहना सिखा रही,
ये कैसी उदासी है जो कहकहे लगा रही।
सबके साथ रहकर भी वो गुमशुदा सा रहे,
फितरतन शायद उसे तन्हाइयाँ रास आ रही।
वो कुछ हैरान भी है और ज़रा परेशान भी,
लड़कपन से उसकी नज़दीकियाँ दूर जा रही।
बेशक उल्फ़त ही वजह है इस कुर्बत की,
ऐसे ही नहीं यहाँ सरगोशियाँ चिल्ला रही।
इन कानों को आदत है शोरोगुल सहने की,
क्या जगह है यहां खामोशियाँ गुनगुना रही।

78. हम मसरूफ़ रहा करते हैं

हम मसरूफ़ रहा करते हैं,
सबसे यही कहा करते हैं।
लोग अब घरों में नही रहते,
बहुत जल्दी में रहा करते हैं।
छोटी सी बात पर बिफरने वाले,
कहते हैं हम बहुत सहा करते हैं।
सुनने समझने की रीत पुरानी,
जो मन में आए कहा करते हैं।
जिनको ज़िन्दगी का नही सुरूर,
जाने किस नशे में बहा करते हैं।

79. दर दर ऐसे भटके हम

दर दर ऐसे भटके हम,
हर पल ऐसे तरसे हम।
जब से दूर हुआ है,
वो जीना भूल गए हैं हम।
इल्ज़ाम सारे उसको दें,
ऐसे कमज़र्फ नही हैं हम।
पा लेंगे ख़ुद को फिर से,
यक़ीन किये बैठे हैं हम।

80. नज़र हैरान हो जाती है

नज़र हैरान हो जाती है ज़ेहन परेशान हो जाता है,
हक़ीक़त सामने आते ही ख़्वाब थरथरा जाता है।
ख़्वाब देखो सपने बुनो ख़ुद से उम्मीद भी रखो,
डर लगना भी वाज़िब है डर जाने में क्या जाता है।
इस तरफ अगर हैरानी परेशानी और मुसीबत है,
तो उस तरफ हौसला बेख़ौफ़ बढ़े चला जाता है।
बारीक नज़र रखने वालों को बड़ी तकलीफ़ होती है,
जब कभी कोई उनको आईना दिखा जाता है।
तुम आज़ाद हो अपनी मंज़िल और रास्ते ख़ुद ही चुनो,
क्यूँ तुम्हारी कामयाबी के मायने ज़माना लिखे जाता है।

81. नया साल पुरानी दुनिया

नया साल पुरानी दुनिया,
और तुम सोचे,
आसान है सुधरना?
देखो कमाल लोकतंत्र का,
खेतों से दूर हाईवे पर,
ट्रैक्टरों का चलना।
बोरिंग और बासी ख़बर है,
चालीस दिनों में पचास,
किसानों का मरना।
लोकतंत्र की दुहाई,
सात समंदर पार जो हुआ,
उसकी जमकर निंदा करना।
सब कुछ मुमकिन है,
पर मुश्किल है,
इंसानों से बड़ी महामारी का मिलना।

82. कितनी बार हिम्मत टूटी

कितनी बार हिम्मत टूटी, कितनी बार हौसला परखा गया,
जिंदा रहने की तवक्को के आगे, हर सितम घबरा गया।
तुम्हे गुमाँ है इस बार शिकस्त मुकम्मल हुई मेरी,
मैं पूरी शिद्दत से उठा हूँ, जब भी मुझे गिराया गया।
तुम्हें करना हो तो बेशक करो हार जीत में फर्क,
हार पे जश्न मनाना हमें तर्बियत में सिखाया गया।

83. पढ़ लिख कर भविष्य तेरा क्या होगा

पढ़ लिख कर भविष्य तेरा क्या होगा,
नेता बन नफरत फैला नाम बड़ा होगा।
मत पूछ के तेरा क्या बड़ा रुतबा होगा,
सारा देश तेरे आगे सर झुकाए खड़ा होगा।
देश धर्म और जात-पात के नाम बाँटना होगा,
काम का नहीं चर्चा तेरी अदाकारी का होगा।
झूठ जितना बड़ा और जितना मीठा होगा,
सवाल उतने कम और ज्यादा भरोसा होगा।
सच्चाई, ईमानदारी, नेकी से कुछ न होगा,
खेल सारा बेशर्मी और मक्कारी का होगा।

84. ज़िद क़दमों की नहीं मन की रही होगी

ज़िद क़दमों की नहीं मन की रही होगी,
क़दम थक भी जाएं मन कहाँ रुकता है।
चीख शोर में नहीं सन्नाटे में दबी होगी,
दर्द सुन तो लें महसूस कौन करता है।
दास्तां यक़ीनन खंजर ने ही लिखी होगी,
ज़हालत के दौर में कलम कौन रखता है।
इंसानियत राह भटक कर गुम हुई होगी,
नफरत बढ़ जाए तो रब याद कहाँ रहता है।
रौनक घरों में नहीं बाज़ार में ही दिखी होगी,
दौलत से मकां खरीदा जाए घर कहाँ मिलता है।

85. जो दिल में ख़लिश थी तो कह दिया होता

जो दिल में ख़लिश थी तो कह दिया होता,
तुम खुश हो बहुत मुझको वहम न हुआ होता।
हकीकत के आइने से रूबरू करवाकर मुझे,
बेहतर इंसान हो जाने का मौका तो दिया होता।
गलती किसी एक की रही हो ऐसा नहीं लाज़िम,
तुमने जो कहा नहीं काश मेंने ही सुन लिया होता।
जो दर्द में एक दूसरे को रखा करते हम शामिल,
हासिल कुछ हो न हो कोई मलाल तो ना होता।

86. गुलाब

गुलाब भेजता कोई, गुलाब खोजता कोई,
गुलाब की तलाश में बदहवास दौड़ता कोई।
गुलाब तोड़ता कोई, गुलाब फेंकता कोई,
कैसा लगे बिखरना गुलाब से पूछे कोई।
गुलाब संभालता कोई, गुलाब बेचता कोई,
सिग्नल पे दौड़ता बचपन क्या सच में देखता कोई।
गुलाब माँगता कोई, गुलाब चाहता कोई,
वो ख़ुद है गुलाब सा उसे गुलाब कैसे दे कोई।

87. अब क्या गिला, कैसी शिकायत

अब क्या गिला, कैसी शिकायत,
जब समझ आ गई ज़िन्दगी की रिवायत।
अब क्या खौफ़, कैसी खिलाफ़त,
जब हो गई ख़ुद ही से मोहब्बत।
अब क्या ज़फा, कैसी अदावत,
जब सुधर गई मन की तबीयत।
अब क्या ख़बर, कैसी कैफियत,
जब दिल चाहे सबकी ख़ैरियत।
अब क्या नफरत, कैसी हिक़ारत,
जब मुरव्वत ही बन गई है इबादत।

88. कितने नादान थे

कितने नादान थे तुम्हें अपना समझते थे,
अधूरे ख्वाब को हसीं सपना समझते थे।
वो कह देना तुम्हारा आदतन सब ख़ैरियत,
गोया तकल्लुफ़ को इज़हार ए इश्क़ समझते थे।
पन्नों पर उलझे हुए चंद बे-तरतीब हर्फ़ों को,
एक नायाब बा-तरतीब नग़मा समझते थे।
अब मुद्दत बाद मिले हो तो ख़ुद ही समझ जाओ,
कैसे समझाएं कि तुम्हे क्यूँ और क्या समझते थे।

89. अब जब सुकूँ सा हो चला है

अब जब सुकूँ सा हो चला है,
दिल फिर जुनूँ की तलाश में है।
है परिंदा कब है ठहरा,
फिर उड़ने की फ़िराक़ में है।
पानी की सी है इसकी भी शख़्सियत,
लहरों सा बहना इसके मिजाज़ में है।
कुछ देर जो थमा तो इसने जाना के,
सुकूँ का बसर होता अक्सर,
जुनूँ के लिबास में है।

90. इन नफरती चेहरों से बेहतर

इन नफरती चेहरों से बेहतर झूठे नक़ाब ही सही,
शायद किसी का चेहरा कभी असली था ही नहीं।
हम उम्मीद लिए चले थे कि सितारों को छू लेंगे,
भूल गए थे अभी तक हम ज़मीन से जुड़े ही नहीं।
इंसानियत बस किताबी बात बन कर रह गई शायद,
मना रहे किसी मौत पर जश्न हम इंसान हैं ही नहीं।
क्या इतना आसान है अपने माज़ी को भुला देना,
क्या नफरतों के हश्र से हमने कुछ सीखा ही नहीं।
चलो मान लिया बहुत जरूरी है ये नफरत हमारे लिए,
नई पीढ़ी बेवजह झुलस रही ये हमें दिखता ही नहीं।

91. ख़ैरियत

ख़ैरियत पूछ लेना इन दिनों सबसे जरूरी काम हुआ,
मुसीबतों का दौर लोगों में नज़दीकियां बढ़ा रहा है।
किसी को नहीं थी फुरसत साँस लेने भर की,
ये जानलेवा मर्ज़ साँसों की अहमीयत बता रहा है।
जिस इंसानियत को दफ़न कर चुके थे हम कभी का,
उसे आहिस्ता आहिस्ता गहरी नींद से जगा रहा है।
बेशक बहुत कुछ साथ लेकर जाएगा ये वक़्त,
अगर समझ पाएं बहुत कुछ देकर भी जा रहा है।

92. हम जैसे हैं, हम वैसे क्यूँ हैं?

ऊपर से उजले, भीतर से मैले क्यूँ हैं?

हम जैसे हैं, हम वैसे क्यूँ हैं?

कुछ मन उथले, तो कुछ गहरे क्यूँ हैं?

हम जैसे हैं, हम वैसे क्यूँ हैं?

कान चीरती चीखें, सब बहरे क्यूँ हैं?

हम जैसे हैं, हम वैसे क्यूँ हैं?

आज़ाद ख्यालों पर, बंदिशें पहरे क्यूँ हैं?

हम जैसे हैं, हम वैसे क्यूँ हैं?

सच्चाई कुचली, मक्कारी के सिर सेहरे क्यूँ है?

हम जैसे हैं, हम वैसे क्यूँ हैं?

93. तू कौन है?

तू कौन है? ये पूछने से पहले,
मैं कौन हुँ? कभी पूछा है क्या?
बेफिज़ूल शोर करने से पहले,
अंदर के मौन को, सुना है क्या?
रोज़ ग़मों को कोसने से पहले,
तू खुल कर कभी, रोया है क्या?
ज़िन्दगी से झगड़ने से पहले,
सोचा है? उसकी खता है क्या?
सब हासिल करने से पहले,
क्या कुछ खोया? पता है क्या?

94. फिर कौन बड़ा रह जाएगा?

बड़प्पन दिखा छोटों की आवाज़ दबा तो देते हो,
गर मुँह खुल गया तो फिर कौन बड़ा रह जाएगा।
सुना है बहुत ताक़तवर है सियासतदान इन दिनों,
आवाम सड़क पर उतरे तो ज़ोर कहाँ चल पाएगा।
किसान हमेशा से भरता आया है पेट इस देश का,
उसको नोच खाओगे तो सबकी भूख कौन मिटाएगा।
बल्ब जला रात को चाहे जितना मर्ज़ी कर दो रोशन,
बनावटी चकाचौंध कभी सवेरा तो नही कहलाएगा।
इतिहास बदलने से पहले ज़रा पढ़ कर तो देखा होता,
झूठ चाहे जितना तेज भागे सच से जीत नहीं पाएगा।

95. कुछ ख़्वाबों की आदत होती है

कुछ ख़्वाबों की आदत होती है,
मुकम्मल हक़ीक़त बन जाने की।
कुछ इंसानों की फितरत होती है,
मुर्दा समाज में जिंदा बच जाने की।
कुछ तकलीफों की जुर्रत होती है,
दर्द ना रह कर सुकून बन जाने की।
कुछ फकीरों की हैसियत होती है,
बिन दौलत सिकंदर बन जाने की।
कुछ लम्हों की कैफ़ियत होती है,
ज़हनों में छपकर तारीख़ बन जाने की।

96. बिछड़कर ऐसा लगता है

बिछड़कर ऐसा लगता है,
क्या कहें, कैसा लगता है।
झुकी हुई पलको में अक्सर,
एक दरया बहता रहता है।
कोई कमबख्त हाल न पूछ बैठे,
दिल डरा डरा सा रहता है।
रात भर होती है शिकायते तेरी,
चाँद चुपचाप सुनता रहता है।

97. कर ले सुलह मुकद्दर से

तू लड़ रहा है जिससे,
तू बिगड़ रहा है जिसपे।
न कोई भाग पाया उससे,
न कोई जीत पाया उससे।
होकर भी न होगा कुछ हासिल,
तू गर जीत भी जाए उससे।
कर ख़त्म, जंग खामखा की,
तू कर ले सुलह मुकद्दर से।

98. चाँद को तकते रहने से

चाँद को तकते रहने से,
अक्सर तारे गुम हो जाते हैं।
मंज़िल जल्द पाने की धुन में
सफ़र के नज़ारे गुम हो जाते हैं।
महफ़िल की चकाचौंध में,
सादगी-पसंद मेहमाँ गुम हो जाते हैं।
तरक्की के सफ़र-नामे कहते हैं,
अहल-ऐ-सफ़र सारे गुम हो जाते हैं।

99. सादा दिमाग दिल

बड़ा सादा दिमाग लिए फिरता है,
रोज़ एक नई मुसीबत लिए फिरता है।
बेहद नाज़ुक है और हल्का भी,
जाने कैसे बड़े बोझ लिए फिरता है।
हर बार सही राह दिखाकर भी,
राहगीरों की तोहमतें लिए फिरता है।
इसकी ज़िंदादिली के क्या कहने,
दिल टूटकर भी धड़कने साथ लिए फिरता है।

100. शब्द कम पर अर्थ ज़्यादा हों

शब्द कम पर अर्थ ज़्यादा हों,
बोल हल्के पर वजन ज्यादा हो।
कहने वाले अपनी जगह सही,
सुनने वालों की कद्र ज्यादा हो।
दूसरों की गलती नज़रअंदाज़ हो,
अपनी खामियों पे नजर ज्यादा हो।
ना पैसा, ना मजहब, ना रुतबा,
काबिलियत का असर ज्यादा हो।
प्यार और नफ़रत अपनी जगह,
इंसानियत का चलन ज्यादा हो।

लेखक के बारे में!

गौरव सिन्हा, दिल्ली में जन्म, राजस्थान के छोटे से शहर पीलीबंगा में बचपन और फिर वापस दिल्ली में पढ़ाई, लिखाई और नौकरी। कॉर्पोरेट जगत में 15 साल से कुछ अधिक समय काम करने के बाद लेखन की तरफ रुख किया। कविताएँ, शायरी, कहानियों के साथ सामयिक और सामाजिक विषयों पर ब्लोगस भी लिखते हैं। *"Kavita 250"* नामक ऐन्थोलोजी में चुनिन्दा कविताएँ 2022 में छपीं और इसके अलावा विभिन्न वेब पोर्टल्स पर भी प्रकाशित हुईं । उनके द्वारा संचालित पॉडकास्ट "The Creative Zindagi Podcast" में विभिन विषयों पर 25 से अधिक एपिसोड यूट्यूब, स्पोटिफ़ाई और अन्य प्लैटफ़ार्मस पर उपलब्ध हैं ।

आप गौरव से यहाँ संपर्क कर सकते हैं।

लेखक के बारे में!

- https://www.gauravsinhawrites.in
- Instagram - @gauravsinhawrites
- Twitter(X)/Facebook - @garv5137
- Email - garv5137@gmail.com